园冶

（明）计成·撰

中华书局

·一·壺·天·地·

前　言

道家传说壶中别有天地，因常以"一壶"喻宇宙或仙境。唐以后也用壶中天地代称小园林，寓指园林虽小却无所不有。无论是园林还是居室陈设、主人把玩清赏之物，都可小中见大，自显乾坤。

造个环境清幽安静的园子，有琪花瑶草可畅神怡情，有红袖可添香，有古物书画可鉴赏……在诗意中消遣生活，这大概是历来文人雅士们最为向往的吧。

"上士爱清辉，开门向翠微。抱琴看鹤去，枕石待云归"是文人雅士钟爱的生活环境，承载着他们的审美情趣。明代计成就是一位能将这种理想完美呈现的造园大师，他所撰写的《园冶》是中国历史上第一部全面系统总结和阐释造园法则与技艺的著作。从选址、规划与设计建筑物、叠山理水、铺装地面、选择石材和借景等方面对中国古代造园的各环节作了深入具体的总结和阐述。书中提出的"虽由人作，宛自天开""巧于因借，精在体宜"的观点，深得中国古代造园理论之精髓。

与《园冶》合称中国古代园林著作双璧的《长物志》是晚明文震亨所撰。《长物志》中直接有关园艺的有室庐、花木、水石等五志，另外有书画、器具、香茗等七志，也是园林生活、园林环境的一部分，折射着文震亨雅、古、隐的审美追求。

香令人幽，诗意生活岂可无香？从屈子的"畦留夷与揭车兮，杂杜衡与芳芷"，到"月色灯光满帝都，香车宝辇隘通衢"，用香早已渗透在国人社会生活的方方面面，甚至成为生活美学的一个门类，美化着人们的生活。宋陈敬撰《新纂香谱》，记载了香品产地、宋代及以前社会用香概况、香药与熏香料配方、香料的收藏方法，并收录了与香有关的文人创作。

金石鼎彝令人古，诗意生活怎可缺少清供雅玩？明代曹昭撰《格古要论》是中国现存最早的文物鉴定专著，描述古物特征，品评优劣，鉴别真伪，完备的体系，丰富的门类，让您一窥文物鉴赏之门径。

以上诸书内容，大多无关生活实用，只是文人雅士诗意生活取向的表达。希望在品读中能让您从尘世俗网中超拔出来，开辟一块心灵的净地，若能日涉成趣，自有清气存焉。

中华书局编辑部

2020 年 11 月

目 录

卷二

卷三

卷

一

冶叙

余少负向禽志，苦为小草所绁。幸见放，谓此志可遂。适四方多故，而又不能违两尊人菽水以从事逍遥游，将鸡埘、豚栅、歌戚而聚国族焉已乎？

銮江地近，偶问一艇于窬园柳淀间，寓信宿，夷然乐之。乐其取佳丘壑，置诸篱落许；北垞南陔，可无易地，将嗤彼云装烟驾者汗漫耳！

兹土有园，园有"冶"，"冶"之者松陵计无否，而题之"冶"者，吾友姑孰曹元甫也。

　　无否人最质直，臆绝灵奇，侬气客习，对之而尽。所为诗画，甚如其人，宜乎元甫深嗜之。予因剪蓬蒿瓯脱，资营拳勺，读书鼓琴其中。胜日，鸠杖板舆，仙仙于止。予则著五色衣，歌紫芝曲，进兕觥为寿，忻然将终其身。

甚哉，计子之能乐吾志也，亦引满以酌计子，于歌余月出，庭峰悄然时，以质元甫，元甫岂能已于言？

　　崇祯甲戌清和届期，园列敷荣，好鸟如友，遂援笔其下。

　　石巢阮大铖

题词

古人百艺，皆传之于书，独无传造园者何？曰："园有异宜，无成法，不可得而传也。"异宜奈何？简文之贵也，则华林；季伦之富也，则金谷；仲子之贫也，则止於陵片畦；此人之有异宜，贵贱贫富，勿容倒置者也。

若本无崇山茂林之幽，而徒假其曲水；绝少鹿柴文杏之胜，而冒托于辋川，不如嫫母傅粉涂朱，只益之陋乎？此又地有异宜，所当审者。是惟主人胸有丘壑，则工丽可，简率亦可。否则强为造作，仅一委之工师、陶氏，水不得潆带之情，山不领回接之势，草与木不适掩映之容，安能日涉成趣哉？

所苦者，主人有丘壑矣，而意不能喻之工，工人能守不能创，拘牵绳墨，以屈主人，不得不尽贬其丘壑以徇，岂不大可惜乎？

此计无否之变化，从心不从法，为不可及；而更能指挥运斤，使顽者巧、滞者通，尤足快也。

予与无否交最久，常以剩水残山，不足穷其底蕴，妄欲罗十岳为一区，驱五丁为众役，悉致琪花瑶草、古木仙禽，供其点缀，使大地焕然改观，是亦快事，恨无此大主人耳！

然则无否能大而不能小乎？是又不然。所谓地与人俱有异宜，善于用因，莫无否若也。即予卜筑城南，芦汀柳岸之间，仅广十笏，经无否略为区画，别现灵幽。

予自负少解结构，质之无否，愧如拙鸠。宇内不少名流韵士，小筑卧游，何可不问途无否？但恐未能分身四应，庶几以《园冶》一编代之。然予终恨无否之智巧不可传，而所传者只其成法，犹之乎未传也。但变而通，通已有其本，则无传，终不如有传之足述。今日之国能，即他日之规矩，安知不与《考工记》并为脍炙乎？

崇祯乙亥午月朔，友弟郑元勋书于影园。

自序

　　不佞少以绘名，性好搜奇，最喜关仝、荆浩笔意，每宗之。游燕及楚，中岁归吴，择居润州。环润皆佳山水，润之好事者，取石巧者置竹木间为假山，予偶观之，为发一笑。或问曰："何笑？"予曰："世所闻有真斯有假，胡不假真山形，而假迎勾芒者之拳磊乎？"或曰："君能之乎？"遂偶为成"壁"，睹观者俱称："俨然佳山也！"遂播闻于远近。

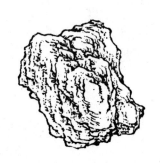

适晋陵方伯吴又于公闻而招之。公得基于城东，乃元朝温相故园，仅十五亩。公示予曰："斯十亩为宅，余五亩，可效司马温公独乐制。"

予观其基形最高，而穷其源最深，乔木参天，虬枝拂地。予曰："此制不第宜掇石而高，且宜搜土而下，令乔木参差山腰，蟠根嵌石，宛若画意；依水而上，构亭台错落池面，篆壑飞廊，想出意外。"

落成，公喜曰："从进而出，计步仅四百，自得谓江南之胜，惟吾独收矣。"别有小筑，片山斗室，予胸中所蕴奇，亦觉发抒略尽，益复自喜。

　　时汪士衡中翰，延予銮江西筑，似为合志，与又于公所构，并驰南北江焉。暇草式所制，名《园牧》尔。

姑孰曹元甫先生游于兹，主人偕予盘桓信宿。先生称赞不已，以为荆、关之绘也，何能成于笔底？予遂出其式视先生。先生曰："斯千古未闻见者，何以云'牧'？斯乃君之开辟，改之曰'冶'可矣!"时崇祯辛未之秋杪，否道人暇于扈冶堂中题。

兴造论

　　世之兴造，专主鸠匠，独不闻三分匠、七分主人之谚乎？非主人也，能主之人也。古公输巧，陆云精艺，其人岂执斧斤者哉？若匠惟雕镂是巧，排架是精，一梁一柱，定不可移，俗以"无窍之人"呼之，甚确也。

故凡造作，必先相地立基，然后定其间进，量其广狭，随曲合方，是在主者，能妙于得体合宜，未可拘率。假如基地偏缺，邻嵌何必欲求其齐，其屋架何必拘三五间，为进多少？半间一广，自然雅称，斯所谓"主人之七分"也。

第园筑之主，犹须什九，而用匠什一，何也？园林巧于"因""借"，精在"体""宜"，愈非匠作可为，亦非主人所能自主者，须求得人，当要节用。

"因"者：随基势之高下，体形之端正，碍木删桠，泉流石注，互相借资；宜亭斯亭，宜榭斯榭，不妨偏径，顿置婉转，斯谓"精而合宜"者也。

"借"者：园虽别内外，得景则无拘远近，晴峦耸秀，绀宇凌空；极目所至，俗则屏之，嘉则收之，不分町畽，尽为烟景，斯所谓"巧而得体"者也。

"体""宜""因""借"，匪得其人，兼之惜费，则前工并弃，即有后起之输、云，何传于世？予亦恐浸失其源，聊绘式于后，为好事者公焉。

园说

　　凡结林园，无分村郭，地偏为胜，开林择剪蓬蒿；景到随机，在涧共修兰芷。径缘三益，业拟千秋。围墙隐约于萝间，架屋蜿蜒于木末。山楼凭远，纵目皆然；竹坞寻幽，醉心即是。

轩楹高爽，窗户虚邻。纳千顷之汪洋，收四时之烂熳。梧阴匝地，槐荫当庭。插柳沿堤，栽梅绕屋。结茅竹里，浚一派之长源；障锦山屏，列千寻之耸翠。虽由人作，宛自天开。

　　刹宇隐环窗，仿佛片图小李；岩峦堆劈石，参差半壁大痴。萧寺可以卜邻，梵音到耳；远峰偏宜借景，秀色堪餐。紫气青霞，鹤声送来枕上；白萍红蓼，鸥盟同结矶边。

看山上个篮舆，问水拖条枥杖。斜飞堞雉，横跨长虹。不羡摩诘辋川，何数季伦金谷。一湾仅于消夏，百亩岂为藏春；养鹿堪游，种鱼可捕。

　　凉亭浮白，冰调竹树风生。暖阁偎红，雪煮炉铛涛沸。渴吻消尽，烦顿开除。夜雨芭蕉，似杂鲛人之泣泪；晓风杨柳，若翻蛮女之纤腰。移竹当窗，分梨为院。溶溶月色，瑟瑟风声。静扰一榻琴书，动涵半轮秋水。清气觉来几席，凡尘顿远襟怀。

窗牖无拘，随宜合用；栏杆信画，因境而成。制式新番，裁除旧套；大观不足，小筑允宜。

相地

　　园基不拘方向，地势自有高低。涉门成趣，得景随形。或傍山林，欲通河沼。探奇近郭，远来往之通衢；选胜落村，藉参差之深树。村庄眺野，城市便家。

　　新筑易乎开基，只可栽杨移竹；旧园妙于翻造，自然古木繁花。如方如圆，似偏似曲。如长弯而环璧，似偏阔以铺云。高方欲就亭台，低凹可开池沼。

卜筑贵从水面，立基先究源头。疏源之去由，察水之来历。临溪越地，虚阁堪支；夹巷借天，浮廊可度。

倘嵌他人之胜，有一线相通，非为间绝，借景偏宜；若对邻氏之花，才几分消息，可以招呼，收春无尽。架桥通隔水，别馆堪图；聚石垒围墙，居山可拟。

多年树木，碍筑檐垣，让一步可以立根，砍数桠不妨封顶。斯谓雕栋飞楹构易，荫槐挺玉成难。相地合宜，构园得体。

一　山林地

　　园地惟山林最胜，有高有凹，有曲有深，有峻而悬，有平而坦，自成天然之趣，不烦人事之工。

　　入奥疏源，就低凿水。搜土开其穴麓，培山接以房廊。杂树参天，楼阁碍云霞而出没；繁花覆地，亭台突池沼而参差。绝涧安其梁，飞岩假其栈。闲闲即景，寂寂探春。

好鸟要朋，群麋偕侣。槛逗几番花信，门湾一带溪流。竹里通幽，松寮隐僻。送涛声而郁郁，起鹤舞而翩翩。阶前自扫云，岭上谁锄月。千峦环翠，万壑流青。欲藉陶舆，何缘谢屐。

二　城市地

　　市井不可园也；如园之，必向幽偏可筑。邻虽近俗，门掩无哗。开径逶迤，竹木遥飞叠雉；临濠蜒蜿，柴荆横引长虹。院广堪梧，堤湾宜柳；别难成墅，兹易为林。

　　架屋随基，浚水坚之石麓；安亭得景，莳花笑以春风。虚阁荫桐，清池涵月。洗出千家烟雨，移将四壁图书。素入镜中飞练，青来郭外环屏。

芍药宜栏，蔷薇未架；不妨凭石，最厌编屏。未久重修，安垂不朽？

　　片山多致，寸石生情。窗虚蕉影玲珑，岩曲松根盘礴。足征市隐，犹胜巢居，能为闹处寻幽，胡舍近方图远。得闲即诣，随兴携游。

三　村庄地

　　古之乐田园者，居于畎亩之中；今耽丘壑者，选村庄之胜。团团篱落，处处桑麻；凿水为濠，挑堤种柳；门楼知稼，廊庑连芸。

　　约十亩之基，须开池者三，曲折有情，疏源正可；余七分之地，为垒土者四，高卑无论，栽竹相宜。堂虚绿野犹开，花隐重门若掩。掇石莫知山假，到桥若谓津通。

桃李成蹊，楼台入画。围墙编棘，窦留山犬迎人；曲径绕篱，苔破家童扫叶。秋老蜂房未割，西成鹤廪先支。安闲莫管稻粱谋，酤酒不辞风雪路。归林得志，老圃有余。

四　郊野地

郊野择地，依乎平冈曲坞，叠陇乔林，水浚通源，桥横跨水，去城不数里，而往来可以任意，若为快也。

谅地势之崎岖，得基局之大小；围知版筑，构拟习池。开荒欲引长流，摘景全留杂树。搜根带水，理顽石而堪支；引蔓通津，缘飞梁而可度。风生寒峭，溪湾柳间栽桃；月隐清微，屋绕梅余种竹。似多幽趣，更入深情。

两三间曲尽春藏，一二处堪为暑避。隔林鸠唤雨，断岸马嘶风。花落呼童，竹深留客。任看主人何必问，还要姓字不须题。须陈风月清音，休犯山林罪过。韵人安褰，俗笔偏涂。

五　傍宅地

宅傍与后有隙地可葺园，不第便于乐闲，斯谓护宅之佳境也。开池浚壑，理石挑山。设门有待来宾，留径可通尔室。竹修林茂，柳暗花明。五亩何拘，且效温公之独乐；四时不谢，宜偕小玉以同游。日竟花朝，宵分月夕。

家庭侍酒，须开锦幛之藏；客集征诗，量罚金谷之数。多方题咏，薄有洞天。常余半榻琴书，不尽数竿烟雨。硐户若为止静，家山何必求深。宅遗谢朓之高风，岭划孙登之长啸。探梅虚蹇，煮雪当姬。轻身尚寄玄黄，具眼胡分青白。固作千年事，宁知百岁人。足矣乐闲，悠然护宅。

六　江湖地

　　江干湖畔，深柳疏芦之际，略成小筑，足征大观也。悠悠烟水，澹澹云山；泛泛鱼舟，闲闲鸥鸟。漏层阴而藏阁，迎先月以登台。拍起云流，觞飞霞仰，何如缑岭，堪谐子晋吹箫？欲拟瑶池，若待穆王侍宴。寻闲是福，知享即仙。

立基

　　凡园圃立基，定厅堂为主。先乎取景，妙在朝南，倘有乔木数株，仅就中庭一二。筑垣须广，空地多存，任意为持，听从排布。择成馆舍，余构亭台。格式随宜，栽培得致。选向非拘宅相，安门须合厅方。开土堆山，沿池驳岸。曲曲一湾柳月，濯魄清波；遥遥十里荷风，递香幽室。

编篱种菊，因之陶令当年；锄岭栽梅，可并庾公故迹。寻幽移竹，对景莳花。桃李不言，似通津信。池塘倒影，拟入鲛宫。一派涵秋，重阴结夏。疏水若为无尽，断处通桥；开林须酌有因，按时架屋。房廊蜒蜿，楼阁崔巍，动"江流天地外"之情，合"山色有无中"之句。适兴平芜眺远，壮观乔岳瞻遥。高阜可培，低方宜挖。

一　厅堂基

厅堂立基，古以五间三间为率。须量地广窄，四间亦可，四间半亦可，再不能展舒，三间半亦可。深奥曲折，通前达后，全在斯半间中生出幻境也。凡立园林，必当如式。

二 楼阁基

楼阁之基，依次序定在厅堂之后，何不立半山半水之间，有二层三层之说，下望上是楼，山半拟为平屋，更上一层，可穷千里目也。

三 门楼基

园林屋宇，虽无方向，惟门楼基，要依厅堂方向，合宜则立。

四 书房基

　　书房之基，立于园林者，无拘内外，择偏僻处，随便通园，令游人莫知有此。内构斋、馆、房、室，借外景，自然幽雅，深得山林之趣。如另筑，先相基形：方、圆、长、扁、广、阔、曲、狭，势如前厅堂基余半间中，自然深奥。或楼或屋，或廊或榭，按基形式，临机应变而立。

五　亭榭基

　　花间隐榭，水际安亭，斯园林而得致者。惟榭只隐花间，亭胡拘水际，通泉竹里，按景山颠，或翠筠茂密之阿，苍松蟠郁之麓。或借濠濮之上，人想观鱼。倘支沧浪之中，非歌濯足。亭安有式，基立无凭。

六　廊房基

廊基未立，地局先留，或余屋之前后，渐通林许。蹑山腰，落水面，任高低曲折，自然断续蜿蜒，园林中不可少斯一断境界。

七　假山基

假山之基，约大半在水中立起。先量顶之高大，才定基之浅深。掇石须知占天，围土必然占地，最忌居中，更宜散漫。

屋宇

凡家宅住房，五间三间，循次第而造。惟园林书屋，一室半室，按时景为精。方向随宜，鸠工合见；家居必论，野筑惟因。虽厅堂俱一般，近台榭有别致。前添敞卷，后进余轩；必用重椽，须支草架；高低依制，左右分为。

当檐最碍两厢，庭除恐窄；落步但加重庑，阶砌犹深。升栱不让雕鸾，门枕胡为镂鼓。时遵雅朴，古摘端方。画彩虽佳，木色加之青绿；雕镂易俗，花空嵌以仙禽。

长廊一带回旋，在竖柱之初，妙于变幻；小屋数椽委曲，究安门之当，理及精微。奇亭巧榭，构分红紫之丛；层阁重楼，回出云霄之上。隐现无穷之态，招摇不尽之春。槛外行云，镜中流水，洗山色之不去，送鹤声之自来。

境仿瀛壶，天然图画，意尽林泉之癖，乐余园圃之间。一鉴能为，千秋不朽。堂占太史，亭问草玄。非及云艺之台楼，且操般门之斤斧。探奇合志，常套俱裁。

一　门楼

门上起楼，象城堞有楼以壮观也。无楼亦呼之。

二　堂

古者之堂，自半已前，虚之为堂。堂者，当也。谓当正向阳之屋，以取堂堂高显之义。

三　斋

斋较堂，惟气藏而致敛，有使人肃然斋敬之意。盖藏修密处之地，故式不宜敞显。

四　室

古云，自半已后，实为室。《尚书》有"壤室"，《左传》有"窟室"，《文选》载："旋室绵娟以窈窕"指"曲室"也。

五　房

《释名》云：房者，防也。防密内外以为寝闼也。

六　馆

散寄之居，曰"馆"，可以通别居者。今书房亦称
"馆"，客舍为"假馆"。

七　楼

《说文》云：重屋曰"楼"。《尔雅》云：陕而修曲为"楼"。言窗牖虚开，诸孔偻偻然也。造式，如堂高一层者是也。

八　台

《释名》云："台者，持也。言筑土坚高，能自胜持也。"园林之台，或掇石而高上平者；或木架高而版平无屋者；或楼阁前出一步而敞者，俱为台。

九　阁

阁者，四阿开四牖。汉有麒麟阁，唐有凌烟阁等，皆是式。

一〇　亭

《释名》云："亭者，停也。人所停集也。"司空图有休休亭，本此义。造式无定，自三角、四角、五角、梅花、六角、横圭、八角至十字，随意合宜则制，惟地图可略式也。

一一　榭

《释名》云：榭者，藉也。藉景而成者也。或水边，或花畔，制亦随态。

一二　轩

轩式类车，取轩轩欲举之意，宜置高敞，以助胜则称。

一三　卷

卷者，厅堂前欲宽展，所以添设也。或小室欲异人字，亦为斯式。惟四角亭及轩可并之。

一四　广

古云：因岩为屋曰"广"，盖借岩成势，不成完屋者为"广"。

一五　廊

　　廊者，庑出一步也，宜曲宜长则胜。古之曲廊，俱曲尺曲。今予所构曲廊，之字曲者，随形而弯，依势而曲。或蟠山腰，或穷水际，通花渡壑，蜿蜒无尽，斯寤园之"篆云"也。予见润之甘露寺数间高下廊，传说鲁班所造。

一六　五架梁

五架梁，乃厅堂中过梁也。如前后各添一架，合七架梁列架式。如前添卷，必须草架而轩敞。不然前檐深下，内黑暗者，斯故也。如欲宽展，前再添一廊。又小五架梁，亭、榭、书房可构。将后童柱换长柱，可装屏门，有别前后，或添廊亦可。

一七 七架梁

七架梁，凡屋之列架也，如厅堂列添卷，亦用草架。前后再添一架，斯九架列之活法。如造楼阁，先算上下檐数。然后取柱料长，许中加替木。

一八 九架梁

九架梁屋，巧于装折，连四、五、六间，可以面东、西、南、北。或隔三间、两间、一间、半间，前后分为。须用复水重椽，观之不知其所。或嵌楼于上，斯巧妙处不能尽式，只可相机而用，非拘一者。

一九　草架

草架，乃厅堂之必用者。凡屋添卷，用天沟，且费事不耐久，故以草架表里整齐。向前为厅，向后为楼，斯草架之妙用也，不可不知。

二〇　重椽

重椽，草架上椽也，乃屋中假屋也。凡屋隔分不仰顶，用重椽复水可观。惟廊构连屋，构倚墙一披而下，断不可少斯。

二一　磨角

磨角，如殿阁折角也。阁四敞及诸亭决用。如亭之三角至八角，各有磨法，尽不能式，是自得一番机构。如厅堂前添廊，亦可磨角，当量宜。

二二　地图

凡匠作止能式屋列图，式地图者鲜矣。夫地图者，主匠之合见也。假如一宅基，欲造几进，先以地图式之。其进几间，用几柱着地，然后式之，列图如屋。欲造巧妙，先以斯法，以便为也。

屋宇图式

五架过梁式

前或添卷，后添架，合成七架列。

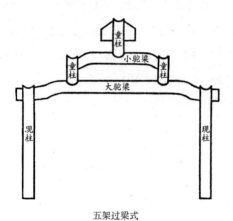

五架过梁式

草架式

惟厅堂前添卷，须用草架，前再加之步廊，可以磨角。

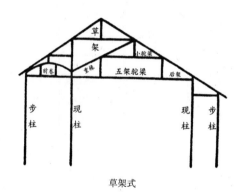

草架式

七架列式

凡屋以七架为率。

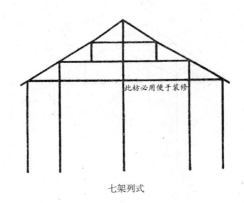

此枋必用便于装修

七架列式

七架酱架式

不用脊柱，便于挂画，或朝南北，屋傍可朝东西
之法。

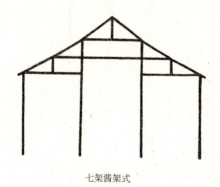

七架酱架式

九架梁式

此屋宜多间，随便隔间，复水或向东、西、南、北之活法。

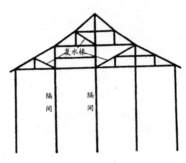

九架梁五柱式

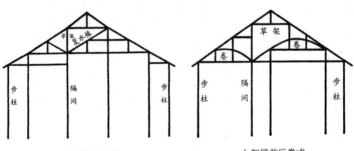

九架梁六柱式　　　　　九架梁前后卷式

小五架梁式

凡造书房、小斋或亭，此式可分前后。

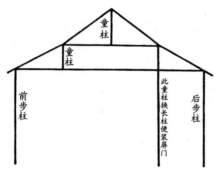

小五架梁式

地图式

　　凡兴造，必先式斯。偷柱定磉，量基广狭，次式列图。凡厅堂中一间宜大，傍间宜小，不可匀造。

地图式

梅花亭地图式

先以石砌成梅花基，立柱于瓣，结顶合檐，亦如梅花也。

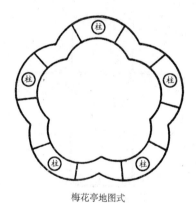

梅花亭地图式

十字亭地图式

十二柱四分而立，顶结方尖，周檐亦成十字。

诸亭不式，惟梅花、十字，自古未造者，故式之
地图，聊识其意可也。斯二亭，只可盖草。

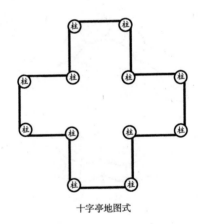

十字亭地图式

装折

　　凡造作难于装修，惟园屋异乎家宅，曲折有条，端方非额，如端方中须寻曲折，到曲折处还定端方，相间得宜，错综为妙。装壁应为排比，安门分出来由。假如全房数间，内中隔开可矣。定存后步一架，余外添设何哉？便径他居，复成别馆。

砖墙留夹，可通不断之房廊；板壁常空，隐出别壶之天地。亭台影罅，楼阁虚邻。绝处犹开，低方忽上，楼梯仅乎室侧，台级藉矣山阿。

门扇岂异寻常，窗楞遵时各式。掩宜合线，嵌不窥丝。落步栏杆，长廊犹胜；半墙户槅，是室皆然。

古以菱花为巧，今之柳叶生奇。加之明瓦斯坚，外护风窗觉密。半楼半屋，依替木不妨一色天花；藏房藏阁，靠虚檐无碍半弯月牖。借架高檐，须知下卷。出幕若分别院，连墙拟越深斋。构合时宜，式征清赏。

一　屏门

堂中如屏列而平者。古者可一面用，今遵为两面用，斯谓"鼓儿门"也。

二　仰尘

仰尘即古天花版也。多于棋盘方空画禽卉者类俗。一概平仰为佳，或画木纹，或锦，或糊纸，惟楼下不可少。

三　户槅

古之户槅，多于方眼而菱花者，后人减为柳条槅，俗呼"不了窗"也。兹式从雅，予将斯增减数式，内有花纹各异，亦遵雅致，故不脱柳条式。或有将栏杆竖为户槅，斯一不密，亦无可玩，如棂空仅阔寸许为佳，犹阔类栏杆风窗者去之，故式于后。

四　风窗

风窗，槅棂之外护，宜疏广减文。或横半，或两截推关，兹式如栏杆，减者亦可用也。在馆为"书窗"，在闺为"绣窗"。

装折图式

长榻式

古之户榻棍版，分位定于四六者，观之不亮。依时制，或棍之七八，版之二三之间。谅榻之大小，约桌几之平高，再高四五寸为最也。

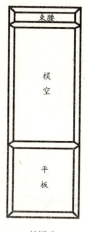

长榻式

短榻式

古之短榻，如长榻分棂版位者，亦更不亮。依时制，上下用束腰，或版或棂可也。

短榻式

槅槛式

户槅柳条式

时遵柳条槅，疏而且减，依式变换，随便摘用。

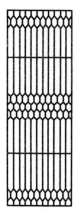 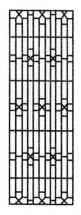 

人字变六方式　　　　井字变杂花式之一　　　　井字变杂花式之二

束腰式

如长槅欲齐短槅并装，亦宜上下用。

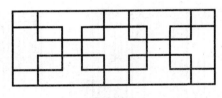

束腰式之一

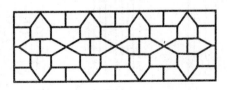

束腰式之二

风窗式

　　风窗宜疏，或空框糊纸，或夹纱，或绘，少饰几棂可也。检栏杆式中，有疏而减文，竖用亦可。

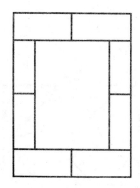

风窗图式之一

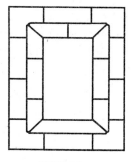

风窗图式之二

冰裂式

冰裂惟风窗之最宜者，其文致减雅，信画如意，可以上疏下密之妙。

冰裂式风窗槅棂图式，在形式上运用了近似构成法则

两截式

风窗两截者，不拘何式，关合如一为妙。

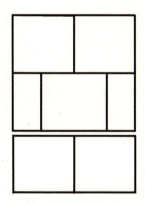

两截式风窗槅槟图式，在形式
上运用了中轴对称构成法则

三截式

　　将中扇挂合上扇，仍撑上扇不碍空处。中连上，
宜用铜合扇。

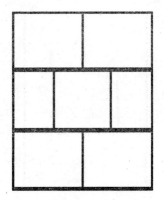

三截式风窗，在形式上运用了对称
与近似构成法则

梅花式

梅花风窗，宜分瓣做。用梅花转心于中，以便开关。

梅花式风窗，在形式上运用了发射构成
法则

梅花开式

连做二瓣，散做三瓣，将梅花转心，钉一瓣于连二之尖，或上一瓣、二瓣、三瓣，将转心向上扣住。

梅花开式风窗，在形式上运
用了发射构成法则

六方式风窗，在形式上运用了
发射构成法则

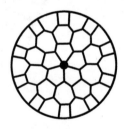

圆镜式风窗，在形式上运用
了发射构成法则

卷

二

栏杆

栏杆信画而成，减便为雅。古之回文万字，一概屏去，少留凉床佛座之用，园屋间一不可制也。予历数年，存式百状，有工而精，有减而文，依次序变幻，式之于左，便为摘用。以笔管式为始，近有将篆字制栏杆者，况理画不匀，意不联络。予斯式中，尚觉未尽，尽可粉饰。

栏杆图式

笔管式

栏杆以笔管式为始，以单变双，双则如意变化，以次而成，故有名。无名者恐有遗漏，总次序记之。内有花纹不易制者，亦书做法，以便鸠匠。

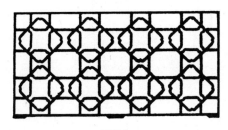

套方式

三方式

锦葵式

先以六料攒心，然后加瓣，如斯做法。斯一料斗瓣。

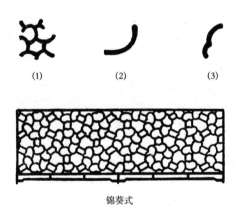

(1)   (2)   (3)

锦葵式

波纹式

惟斯一料可做。

制作波纹式栏杆所用曲条

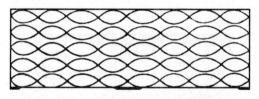

波纹式

梅花式

用斯一料斗瓣，料直，不攒榫眼。

制作梅花式栏杆所用曲条

梅花式

联瓣葵花式

惟斯一料可做。

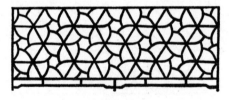

制作联瓣葵花式所用曲条

联瓣葵花式

尺栏式

此栏置腰墙用，或置户外。

尺栏式

短栏式

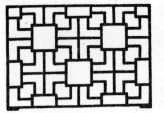

短栏式之一　　　　　　　　　短栏式之二

短尺栏式

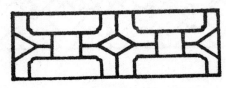

短尺栏式之一

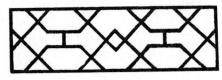

短尺栏式之二

卷

三

门窗

门窗磨空，制式时裁，不惟屋宇翻新，斯谓林园遵雅。工精虽专瓦作，调度犹在得人。触景生奇，含情多致，轻纱环碧，弱柳窥青。伟石迎人，别有一壶天地；修篁弄影，疑来隔水笙簧。佳境宜收，俗尘安到。切忌雕镂门空，应当磨琢窗垣。处处邻虚，方方侧景。非传恐失，故式存余。

门窗图式

方门合角式

磨砖方门，凭匠俱做券门，砖上过门石，或过门枋者。今之方门，将磨砖用木栓栓住，合角过门于上，再加之过门枋，雅致可观。

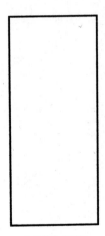

方门合角式门洞

圈门式

　凡磨砖门窗，量墙之厚薄，校砖之大小，内空须用满磨，外边只可寸许，不可就砖，边外或石粉或满磨可也。

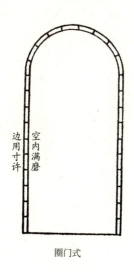

圈门式

上下圈式

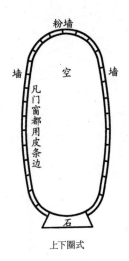

粉墙

墙　　空　　墙

凡门窗都用皮条边

石

上下圈式

莲瓣式　如意式　贝叶式

莲瓣，如意，贝叶，斯三式宜供佛所用。

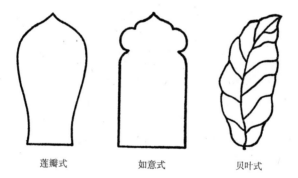

莲瓣式　　　　　　如意式　　　　　　贝叶式

墙垣

　　凡园之围墙，多于版筑，或于石砌，或编篱棘。夫编篱斯胜花屏，似多野致，深得山林趣味。如内、花端、水次、夹径、环山之垣，或宜石宜砖，宜漏宜磨，各有所制。从雅遵时，令人欣赏，园林之佳境也。

历来墙垣，凭匠作雕琢花鸟仙兽，以为巧制，不第林园之不佳，而宅堂前之何可也。雀巢可憎，积草如萝，祛之不尽，扣之则废，无可奈何者。市俗村愚之所为也，高明而慎之。世人兴造，因基之偏侧，任而造之。何不以墙取头阔头狭就屋之端正，斯匠主之莫知也。

一　白粉墙

历来粉墙，用纸筋石灰，有好事取其光腻，用白蜡磨打者。今用江湖中黄沙，并上好石灰少许打底，再另少许石灰盖面，以麻帚轻擦，自然明亮鉴人。倘有污渍，遂可洗去，斯名"镜面墙"也。

二　磨砖墙

如隐门照墙、厅堂面墙，皆可用磨或方砖吊角，或方砖裁成八角嵌小方；或砖一块间半块，破花砌如锦样。封顶用磨挂方飞檐砖几层，雕镂花、鸟、仙、兽不可用，入画意者少。

三　漏砖墙

凡有观眺处筑斯，似避外隐内之义。古之瓦砌连钱、叠锭、鱼鳞等类，一概屏之，聊式几于左。

漏砖墙图式

漏砖墙，凡计一十六式，惟取其坚固。如栏杆
式中亦有可摘砌者。意不能尽，犹恐重式，宜用磨砌
者佳。

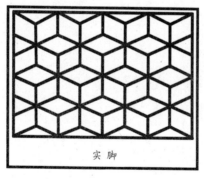

实 脚

漏砖墙式

四　乱石墙

是乱石皆可砌，惟黄石者佳。大小相间，宜杂假山之间，乱青石版用油灰抿缝，斯名冰裂也。

铺地

　　大凡砌地铺街，小异花园住宅。惟厅堂广厦中铺，一概磨砖，如路径盘蹊，长砌多般乱石，中庭或宜叠胜，近砌亦可回文。八角嵌方，选鹅子铺成蜀锦；层楼出步，就花梢琢拟秦台。锦线瓦条，台全石版。吟花席地，醉月铺毡。

废瓦片也有行时，当湖石削铺，波纹汹涌；破方砖可留大用，绕梅花磨斗，冰裂纷纭。路径寻常，阶除脱俗。莲生袜底，步出个中来；翠拾林深，春从何处是。花环窄路偏宜石，堂迥空庭须用砖。各式方圆，随宜铺砌；磨归瓦作，杂用钩儿。

一 乱石路

园林砌路，堆小乱石砌如榴子者，坚固而雅致，曲折高卑，从山摄壑，惟斯如一。有用鹅子石间花纹砌路，尚且不坚易俗。

二 鹅子地

鹅子石，宜铺于不常走处，大小间砌者佳；恐匠之不能也。或砖或瓦，嵌成诸锦犹可。如嵌鹤、鹿、狮球，犹类狗者可笑。

三　冰裂地

乱青版石，斗冰裂纹，宜于山堂、水坡、台端、亭际，见前风窗式，意随人活，砌法似无拘格，破方砖磨铺犹佳。

四　诸砖地

诸砖砌地：屋内，或磨、扁铺；庭下，宜仄砌。方胜、叠胜、步步胜者，古之常套也。今之人字、席纹、斗纹，量砖长短合宜可也。有式：

砖铺地图式

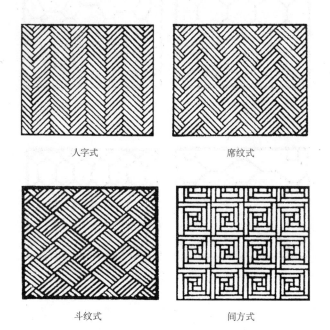

人字式　　　　　　席纹式

斗纹式　　　　　　间方式

以上四式用砖仄砌

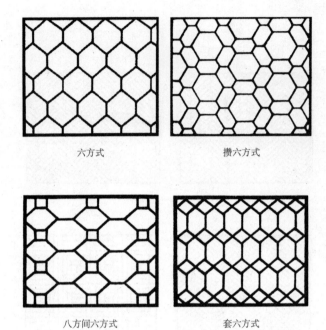

六方式   攒六方式

八方间六方式   套六方式

长八方式   八方式

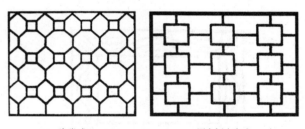

海棠式   四方间十字式

以上八式用砖嵌鹅子砌

香草边式

用砖边，瓦砌，香草中或铺砖，或铺鹅子。

香草边式

球门式

鹅子嵌瓦，只此一式可用。

球门式

波纹式

用废瓦检厚薄砌，波头宜厚，波傍宜薄。

波纹式

掇山

　　掇山之始，桩木为先。较其短长，察乎虚实。随势挖其麻柱，谅高挂以称竿。绳索坚牢，扛抬稳重。立根铺以粗石，大块满盖桩头；堑里扫于查灰，着潮尽钻山骨。

方堆顽夯而起，渐以皴文而加。瘦漏生奇，玲珑安巧。峭壁贵于直立，悬崖使其后坚。岩、峦、洞、穴之莫穷，涧、壑、坡、矶之俨是。信足疑无别境，举头自有深情。蹊径盘且长，峰峦秀而古。多方景胜，咫尺山林，妙在得乎一人，雅从兼于半土。

假如一块中竖而为主石，两条傍插而呼劈峰，独立端严，次相辅弼，势如排列，状若趋承。主石虽忌于居中，宜中者也可；劈峰总较于不用，岂用乎断然。

排如炉烛花瓶，列似刀山剑树。峰虚五老，池凿四方。下洞上台，东亭西榭。罅堪窥管中之豹，路类张孩戏之猫；小藉金鱼之缸，大若酆都之境。时宜得致，古式何裁？

深意画图，余情丘壑。未山先麓，自然地势之嶙峋；构土成冈，不在石形之巧拙。宜台宜榭，邀月招云；成径成蹊，寻花问柳。临池驳以石块，粗夯用之有方；结岭挑之土堆，高低观之多致。欲知堆土之奥妙，还拟理石之精微。山林意味深求，花木情缘易逗。有真为假，做假成真。稍动天机，全叨人力。探奇投好，同志须知。

一 园山

园中掇山，非士大夫好事者不为也。为者殊有识鉴。缘世无合志，不尽欣赏，而就厅前三峰，楼面一壁而已。是以散漫理之，可得佳境也。

二　厅山

人皆厅前掇山，环堵中耸起高高三峰排列于前，殊为可笑。加之以亭，及登，一无可望，置之何益？更亦可笑。以予见：或有嘉树，稍点玲珑石块。不然，墙中嵌理壁岩，或顶植卉木垂萝，似有深境也。

三　楼山

楼面掇山，宜最高，才入妙，高者恐逼于前，不若远之，更有深意。

四　阁山

阁皆四敞也，宜于山侧，坦而可上，便以登眺，何必梯之。

五　书房山

凡掇小山，或依嘉树卉木，聚散而理，或悬岩峻壁，各有别致。书房中最宜者，更以山石为池，俯于窗下，似得濠濮间想。

六　池山

　　池上理山，园中第一胜也。若大若小，更有妙境。就水点其步石，从巅架以飞梁。洞穴潜藏，穿岩径水。峰峦飘渺，漏月招云。莫言世上无仙，斯住世之瀛壶也。

七 内室山

内室中掇山，宜坚宜峻，壁立岩悬，令人不可攀。宜坚固者，恐孩戏之预防也。

八 峭壁山

峭壁山者，靠壁理也。藉以粉壁为纸，以石为绘也。理者相石皴纹，仿古人笔意，植黄山松、柏、古梅、美竹，收之圆窗，宛然镜游也。

九　山石池

山石理池，予始创者。选版薄山石理之，少得窍不能盛水，须知"等分平衡法"可矣。凡理块石，俱将四边或三边压掇，若压两边，恐石平中有损。如压一边，既罅稍有丝缝，水不能注，虽做灰坚固，亦不能止，理当斟酌。

一〇　金鱼缸

如理山石池法，用糙缸一只，或两只，并排作底。或埋、半埋，将山石周围理其上，仍以油灰抿固缸口。如法养鱼，胜缸中小山。

一一 峰

峰石一块者，相形何状，选合峰纹石，令匠凿笋眼为座，理宜上大下小，立之可观。或峰石两块三块拼掇，亦宜上大下小，似有飞舞势。或数块掇成，亦如前式。须得两三大石封顶。须知平衡法，理之无失。稍有欹侧，久则逾欹，其峰必颓，理当慎之。

一二 峦

峦，山头高峻也，不可齐，亦不可笔架式，或高或低，随致乱掇，不排比为妙。

一三 岩

　　如理悬岩，起脚宜小，渐理渐大，及高，使其后坚能悬。斯理法古来罕有，如悬一石，又悬一石，再之不能也。予以平衡法，将前悬分散后坚，仍以长条堑里石压之，能悬数尺，其状可骇，万无一失。

一四 洞

理洞法，起脚如造屋，立几柱著实，掇玲珑如窗门透亮。及理上，见前理岩法，合凑收顶，加条石替之，斯千古不朽也。洞宽丈余，可设集者，自古鲜矣！上或堆土植树，或作台，或置亭屋，合宜可也。

一五　涧

假山依水为妙，倘高阜处不能注水，理涧壑无水，似少深意。

一六　曲水

曲水，古皆凿石槽，上置石龙头喷水者，斯费工类俗，何不以理涧法，上理石泉，口如瀑布，亦可流觞，似得天然之趣。

一七　瀑布

瀑布如峭壁山理也。先观有高楼檐水，可涧至墙顶作天沟，行壁山顶，留小坑，突出石口，泛漫而下，才如瀑布。不然，随流散漫不成，斯谓"坐雨观泉"之意。

夫理假山，必欲求好，要人说好，片山块石，似有野致。苏州虎丘山，南京凤台门，贩花扎架，处处皆然。

选石

　　夫识石之来由，询山之远近。石无山价，费只人工，跋蹑搜巅，崎岖挖路。便宜出水，虽遥千里何妨；日计在人，就近一肩可矣。取巧不但玲珑，只宜单点；求坚还从古拙，堪用层堆。须先选质无纹，俟后依皴合掇。多纹恐损，无窍当悬。古胜太湖，好事只知花石；时遵图画，匪人焉识黄山。小仿云林，大宗子久。块虽顽夯，峻更嶙峋，是石堪堆，便山可采。石非草木，采后复生。人重利名，近无图远。

一　太湖石

苏州府所属洞庭山，石产水涯，惟消夏湾者为最。性坚而润，有嵌空、穿眼、宛转、险怪势。一种色白，一种色青而黑，一种微黑青。其质文理纵横，笼络起隐，于石面遍多坳坎，盖因风浪中冲激而成，谓之"弹子窝"，扣之微有声。采人携锤錾入深水中，度奇巧取凿，贯以巨索，浮大舟，架而出之。

此石以高大为贵，惟宜植立轩堂前，或点乔松奇卉下，装治假山，罗列园林广榭中，颇多伟观也。自古至今，采之已久，今尚鲜矣。

二　昆山石

　　昆山县马鞍山，石产土中，为赤土积渍。既出土，倍费挑剔洗涤。其质磊块，巉岩透空，无耸拔峰峦势，扣之无声。其色洁白，或植小木，或种溪荪于奇巧处，或置器中，宜点盆景，不成大用也。

三　宜兴石

宜兴县张公洞、善卷寺一带山产石，便于祝陵出水，有性坚，穿眼，险怪如太湖者。有一种色黑质粗而黄者，有色白而质嫩者，掇山不可悬，恐不坚也。

四 龙潭石

龙潭金陵下七十余里，沿大江，地名七星观，至山口、仓头一带，皆产石数种，有露土者，有半埋者。一种色青，质坚，透漏文理如太湖者。一种色微青，性坚，稍觉顽夯，可用起脚压泛。一种色纹古拙，无漏，宜单点。一种色青，如核桃纹多皴法者，掇能合皴如画为妙。

五　青龙山石

金陵青龙山，大圈大孔者，全用匠作凿取，做成峰石，只一面势者。自来俗人以此为太湖主峰，凡花石反呼为“脚石”。掇如炉瓶式，更加以劈峰，俨如刀山剑树者斯也。或点竹树下，不可高掇。

六　灵璧石

　　宿州灵璧县地名"磬山"，石产土中，岁久，穴深数丈。其质为赤泥渍满，土人多以铁刃遍刮，凡三次，既露石色，即以铁丝帚或竹帚兼磁末刷治清润，扣之铿然有声，石底多有渍土不能尽者。

石在土中，随其大小具体而生，或成物状，或成峰峦，巉岩透空，其眼少有宛转之势。须藉斧凿，修治磨砻，以全其美。或一两面，或三面，若四面全者，即是从土中生起，凡数百之中无一二。有得四面者，择其奇巧处镌治，取其底平，可以顿置几案，亦可以掇小景。有一种扁朴或成云气者，悬之室中为磬，《书》所谓"泗滨浮磬"是也。

七　岘山石

　　镇江府城南大岘山一带，皆产石。小者全质，大者镌取相连处，奇怪万状。色黄，清润而坚，扣之有声。有色灰青者。石多穿眼相通，可掇假山。

八　宣石

　　宣石产于宁国县所属，其色洁白，多于赤土积渍，须用刷洗，才见其质。或梅雨天瓦沟下水，冲尽土色。惟斯石应旧，逾旧逾白，俨如雪山也。一种名"马牙宣"，可置几案。

九　湖口石

　　江州湖口，石有数种，或产水中，或产水际。一种色青，浑然成峰、峦、岩、壑，或类诸物。一种扁薄嵌空，穿眼通透，几若木版，似利刃剜刻之状。石理如刷丝，色亦微润，扣之有声。东坡称赏，目之为"壶中九华"，有"百金归买小玲珑"之语。

一○　英石

英州含光、真阳县之间，石产溪水中，有数种：一微青色，间有通白脉笼络；一微灰黑；一浅绿。各有峰、峦、嵌空穿眼，宛转相通。其质稍润，扣之微有声。可置几案，亦可点盆，亦可掇小景。

有一种色白，四面峰峦耸拔，多棱角，稍莹彻，而面有光，可鉴物，扣之无声。采人就水中度奇巧处凿取，只可置几案。

一一　散兵石

"散兵"者，汉张子房楚歌散兵处也，故名。其地在巢湖之南，其石若大若小，形状百类，浮露于山。其质坚，其色青黑，有如太湖者，有古拙皴纹者。土人采而装出贩卖，维扬好事，专买其石。有最大巧妙透漏如太湖峰，更佳者，未尝采也。

一二 黄石

黄石是处皆产，其质坚，不入斧凿，其文古拙。如常州黄山，苏州尧峰山，镇江圌山，沿大江直至采石之上皆产。俗人只知顽夯，而不知奇妙也。

一三 旧石

世之好事，慕闻虚名，钻求旧石，某名园某峰石，某名人题咏，某代传至于今，斯真太湖石也，今废，欲待价而沽，不惜多金，售为古玩还可。又有惟闻旧石，重价买者。夫太湖石者，自古至今，好事采多，似鲜矣。

如别山有未开取者，择其透漏、青骨、坚质采之，未尝亚太湖也。斯亘古露风，何为新耶？何为旧耶？

　　凡采石惟盘驳、人工装载之费，到园殊费几何？予闻一石名"百米峰"，询之费百米所得，故名。今欲易百米，再盘百米，复名"二百米峰"也。凡石露风则旧，搜土则新，虽有土色，未几雨露，亦成旧矣。

一四　锦川石

斯石宜旧。有五色者，有纯绿者，纹如画松皮，高丈余，阔盈尺者贵，丈内者多。近宜兴有石如锦川，其纹眼嵌石子，色亦不佳。旧者纹眼嵌空，色质清润，可以花间树下，插立可观。如理假山，犹类劈峰。

一五　花石纲

宋"花石纲"，河南所属，边近山东，随处便有，是运之所遗者。其石巧妙者多，缘陆路颇艰，有好事者，少取块石置园中，生色多矣。

一六　六合石子

六合县灵居岩，沙土中及水际，产玛瑙石子，颇细碎。有大如拳、纯白、五色者，有纯五色者。其温润莹彻，择纹彩斑斓取之，铺地如锦。或置涧壑及流水处，自然清目。

夫葺园圃假山，处处有好事，处处有石块，但不得其人。欲询出石之所，到地有山，似当有石，虽不得巧妙者，随其顽夯，但有文理可也。曾见宋杜绾《石谱》，何处无石？予少用过石处，聊记于右，余未见者不录。

借景

　　构园无格，借景有因。切要四时，何关八宅。林皋延伫，相缘竹树萧森；城市喧卑，必择居邻闲逸。高原极望，远岫环屏，堂开淑气侵人，门引春流到泽。嫣红艳紫，欣逢花里神仙；乐圣称贤，足并山中宰相。

　　《闲居》曾赋，芳草应怜。扫径护兰芽，分香幽室；卷帘邀燕子，闲剪轻风。片片飞花，丝丝眠柳；寒生料峭，高架秋千；兴适清偏，怡情丘壑。顿开尘外想，拟入画中行。

林阴初出莺歌，山曲忽闻樵唱。风生林樾，境入羲皇。幽人即韵于松寮，逸士弹琴于篁里。红衣新浴，碧玉轻敲。看竹溪湾，观鱼濠上。山容蔼蔼，行云故落凭栏；水面鳞鳞，爽气觉来欹枕。南轩寄傲，北牖虚阴。半窗碧隐蕉桐，环堵翠延萝薜。俯流玩月，坐石品泉。

芏衣不耐凉新，池荷香绾；梧叶忽惊秋落，虫草鸣幽。湖平无际之浮光，山媚可餐之秀色。寓目一行白鹭，醉颜几阵丹枫。眺远高台，搔首青天那可问；凭虚敞阁，举杯明月自相邀。冉冉天香，悠悠桂子。

但觉篱残菊晚，应探岭暖梅先。少系杖头，招携邻曲。恍来林月美人，却卧雪庐高士。雪冥黯黯，木叶萧萧。风鸦几树夕阳，寒雁数声残月。书窗梦醒，孤影遥吟；锦幛偎红，六花呈瑞。掉兴若过剡曲，扫烹果胜党家。冷韵堪赓，清名可并；花殊不谢，景摘偏新。因借无由，触情俱是。

夫借景，林园之最要者也。如远借，邻借，仰借，俯借，应时而借。然物情所逗，目寄心期，似意在笔先，庶几描写之尽哉。

自识

　　崇祯甲戌岁，予年五十有三，历尽风尘，业游已倦，少有林下风趣，逃名丘壑中，久资林园，似与世故觉远，惟闻时事纷纷，隐心皆然，愧无买山力，甘为桃源溪口人也。自叹生人之时也，不遇时也。武侯三国之师，梁公女王之相，古之贤豪之时也，大不遇时也！何况草野疏遇，涉身丘壑，暇著斯"冶"，欲示二儿长生、长吉，但觅梨栗而已。故梓行，合为世便。